# PENSAMIENTO POSITIVO

El mejor poder del pensamiento positivo, la felicidad, y las afirmaciones

(El arte de cambiar tu pensamiento de negativo a positivo)

**Fulk Vela**

AF092076

Publicado Por Jason Thawne

# © Fulk Vela

**Todos los derechos reservados**

Pensamiento Positivo: El mejor poder del pensamiento positivo, la felicidad, y las afirmaciones (El arte de cambiar tu pensamiento de negativo a positivo)

ISBN 978-1-989891-09-4

Este documento está orientado a proporcionar información exacta y confiable con respecto al tema y asunto que trata. La publicación se vende con la idea de que el editor no esté obligado a prestar contabilidad, permitida oficialmente, u otros servicios cualificados. Si se necesita asesoramiento, legal o profesional, debería solicitar a una persona con experiencia en la profesión.

Desde una Declaración de Principios aceptada y aprobada tanto por un comité de la American Bar Association (el Colegio de Abogados de Estados Unidos) como por un comité de editores y asociaciones.

No se permite la reproducción, duplicado o transmisión de cualquier parte de este documento en cualquier medio electrónico o formato impreso. Se prohíbe de forma estricta la grabación de esta publicación así como tampoco se permite cualquier almacenamiento de este documento sin permiso escrito del editor. Todos los derechos reservados.

Se establece que la información que contiene este documento es veraz y coherente, ya que cualquier responsabilidad, en términos de falta de atención o de otro tipo, por el uso o abuso de cualquier política, proceso o dirección contenida en este documento será responsabilidad exclusiva y absoluta del lector receptor. Bajo ninguna circunstancia se hará responsable o culpable de forma legal al editor por cualquier reparación, daños o pérdida monetaria debido a la información aquí contenida, ya sea de forma directa o indirectamente.

Los respectivos autores son propietarios de todos los derechos de autor que no están en posesión del editor.

La información aquí contenida se ofrece únicamente con fines informativos y, como tal, es universal. La presentación de la información se realiza sin contrato ni ningún tipo de garantía.

Las marcas registradas utilizadas son sin ningún tipo de consentimiento y la publicación de la marca registrada es sin el permiso o respaldo del propietario de esta. Todas las marcas registradas y demás marcas incluidas en este libro son solo para fines de aclaración y son propiedad de los mismos propietarios, no están afiliadas a este documento.

## TABLA DE CONTENIDO

**PARTE 1** ................................................................... **1**
**INTRODUCCIÓN** ........................................................ **2**
**CAPÍTULO 1** ............................................................. **4**
**¿QUÉ ES TENER PENSAMIENTOS POSITIVOS?** ................... **4**

Actitud mental positiva ........................................................ 4
Use el pensamiento positivo para crear una actitud mental positiva ................................................................................ 5
Cómo el pensar de forma positiva puede cambiar tu vida ......... 7
La historia de Jenny ............................................................. 8

**CAPÍTULO 2** ........................................................... **13**
**BENEFICIOS DE PENSAR DE FORMA POSITIVA** ............... **13**

¿Cuáles son los beneficios de pensar positivamente? ............ 13
*El pensamiento positivo es bueno para la salud* ............... 15
*Te permite alimentar relaciones armoniosas* .................... 16
*Ser positivo te permite crear una mejor primera impresión* 17
*Ser positivo es el tiquete al éxito* ...................................... 17
*Convierte tus problemas en grandes oportunidades* .......... 18
*La abundancia te llega fácilmente* ................................... 19
*El pensamiento positivo es un buen motivador* ................. 20
¿Cómo puede el pensamiento positivo mejorar tu vida? ....... 21
*Tu sistema inmunológico mejora.* ..................................... 21
*Controla tu presión arterial alta* ....................................... 22
*Incrementa el poder de recuperación* .............................. 23
*El pensamiento positivo agrega años a tu vida* ................. 23

**CAPÍTULO 3** ........................................................... **24**
**HÁBITOS DE LOS PENSADORES POSITIVOS** ................... **24**

*Mantener un diario de gratitud* ........................................ 25
*Ver los retos en una perspectiva diferente* ....................... 25
*No tomes los rechazos como algo personal.* ..................... 26

*Piensa positivamente, todo el tiempo.* ............................... 27
*En lugar de decir tener, di puedo.* ...................... 27
*Rodéate de personas positivas.* ....................... 28
*Sólo respira.* ................................................................ 28
*En tiempos de tragedia, inspírate en los héroes modernos.* 29
*No solo pienses en los problemas, siempre trae soluciones también.* ................................................................ 29
*Haz sonreír a otra persona.* .............................. 29

## CAPÍTULO 4 ................................................................ 31

## LA LEY DE LA ATRACCIÓN ................................................. 31

APRENDE A USAR LA LEY DE LA ATRACCIÓN ................................. 32
*¿La Ley de Atracción es real?* ........................... 32
PENSAMIENTO POSITIVO Y LA LEY DE ATRACCIÓN ........................... 33
*Mantente enfocado en tus deseos.* .................... 35
*Mira tus problemas con nueva perspectiva.* ....... 35
*Desafía la forma en que piensas.* ...................... 35
*Centrarse en un plan de acción.* ........................ 36
*Sé agradecido, todo el tiempo.* ......................... 37
*Deja de resistir.* ............................................... 37
*Vivir en el momento presente.* .......................... 38

## CAPÍTULO 5 ................................................................ 39

## PRACTIQUE LA LEY DE LA ATRACIÓN Y EL PENSAMIENTO POSITIVO ................................................................... 39

1. *Meditar* ................................................. 40
2. *Saber lo que quieres.* ............................. 40
3. *¡Debes pedirlo - con convicción!* ............. 41
4. *Crear una "lista de deseos".* ................... 42
5. *Sea consciente de lo que siente mientras se visualiza con el deseo hecho realidad* ............................. 43

## CAPÍTULO 6 ................................................................ 44

## AFIRMACIONES POSITIVAS ............................................... 44

PARA LA ABUNDANCIA Y PROSPERIDAD ..................................... 44
PARA EL ÉXITO ................................................................. 45

Para la confianza en sí mismo ............................................... 46

**CONCLUSIÓN** ................................................................. **47**

**PARTE 2** ........................................................................ **49**

**INTRODUCCIÓN** ............................................................ **50**

**VIVE PARA EL MAÑANA** ................................................. **51**

**APRENDE DE TU DOLOR** ................................................ **55**

**REIVINDICA LA ENERGÍA NEGATIVA** .............................. **61**

El Pensamiento Negativo y sus Efectos en tu Mente ............ 61
El Pensamiento Positivo y sus Efectos en tu Mente.............. 64
Cómo aumentar el pensamiento positivo en tu vida ............. 67
Pensamiento positivo y nuestra rutina de fitness.................. 67
Refuerzo positivo ............................................................ 68
Tomar la carga ................................................................ 69
Enfoque fuera ................................................................. 71

**CONCLUSIÓN** ................................................................. **83**

# Parte 1

## Introducción

Gracias por descargar este libro.

El objetivo de este libro es darte un mejor entendimiento acerca de la mentalidad positiva y la Ley de la Atracción. Explica en qué consiste la mentalidad positiva y nos enseña en cómo esta mejora tu vida. Así mismo, descubrirás los hábitos de pensadores positivos y aprenderás sobre sus técnicas diarias para poner en práctica el poder del positivismo.

Asimismo, obtendrás una mejor comprensión de los principios de la Ley de Atracción. Hay consejos en este libro sobre cómo puedes usar la Ley de Atracción junto con pensamientos positivos para hacer cambios drásticos en tu vida.

De la misma forma, te proveeremos con

ejercicios diarios y afirmaciones, las cuales te ayudarán a manifestar tus esperanzas y deseos.

**Espero que disfrutes la lectura de este libro.**

# CAPÍTULO 1

## ¿Qué es tener pensamientos positivos?

Pensamientos positivos es simplemente una actitud mental en la cual se prevé tener solo buenos resultados. Es el proceso de crear convicciones y pensamientos que pueden brindarte una realidad diferente, una en la cual las cosas salgan a tu favor, sin importar las circunstancias.

El propósito del pensamiento positivo es crear una perspectiva la cual concluirá en una realidad mucho mejor de la cual se escogió para sí mismo.

***Actitud mental positiva***

Tener una actitud positiva te permite

incrementar tus logros al utilizar procesos para pensar de forma optimista. Podemos desarrollarlos al observar y aprender de nuestro alrededor. Una actitud positiva is parcialmente alcanzada cuando logras ver lo bueno en otras personas, comportamientos, eventos y circunstancias.

Sus resultados no pueden ser medidos, así que, una actitud positiva es más que un concepto o un proceso, es una filosofía y una buena forma de enfrentar la vida.

## *Use el pensamiento positivo para crear una actitud mental positiva*

Escribir declaraciones positivas y repetir afirmaciones positivas pueden detonar una actitud mental positiva, lo cual resulta en una sucesión de eventos positivos.

Una afirmación es una declaración positiva, en la cual aceptas que lo que se declaró es real y lo manifiestas en todo momento. En cuanto más repitas la afirmación en tu cabeza, más incrementará en tu mente el entendimiento y aceptación de ese pensamiento o convicción. La mayoría de los defensores del pensamiento positivo dicen que el uso de afirmaciones y el pensamiento positivo reprograman de manera efectiva su cerebro mediante la repetición constante y el enfoque en el momento presente. Los resultados esperados que se manifiestan son circunstancias positivas.

Tu declaración de afirmación manifiesta tu estado mental y expectativa, y reconoce la realidad actual que existe en la mente y el cuerpo.

Las afirmaciones no son cuantitativas. Estas son ideas espirituales basadas en "lo que está adentro es afuera, como es arriba es abajo". Es una idea universal presentada en varias obras religiosas.

La práctica de pensar de forma positiva brinda resultados en formas que no imaginó: un nuevo y mejor trabajo, puertas abiertas de oportunidades, experiencias más satisfactorias y relaciones más significativas.

## *Cómo el pensar de forma positiva puede cambiar tu vida*

Un pensamiento negativo puede llevar a otro, y otro, y otro; hasta que se convierte en un círculo vicioso que puede conducir a la depresión. Llegará un momento en que el pensamiento negativo se ha apoderado de toda tu vida, que no sabes cómo romperlo. Se atascará en un lugar dónde el pesimismo determina cómo transcurre tu día y, como consecuencia, toda tu vida.

Llegarás a un punto donde sabrás que quieres un cambio en tu vida, pero no sabrás por dónde ni cómo empezar. Mientras encontrarás muchos consejos, información y guías en cómo transformar tus pensamientos negativos en positivos, aun así, no podrás convencerte de creer en todos ellos. Aunque todos tus esfuerzos solo te hayan brindado un resultado temporal, aún hay esperanza.

En vez de intentar sobrellevar tu negatividad por ti mismo, ¿tal vez necesitas alguien quién pueda pueda ayudarte en cada paso hacia ese nuevo camino?

### *La historia de Jenny*

Jenny tocó fondo en su vida. El fallecimiento reciente de su padre fue demasiado abrumador para ella, lo cual le provocó agitación y ansiedad en su vida. Ella estaba a punto de perder el control.

Ella sabía que solo tenía dos opciones: admitir el fracaso y seguir compadeciéndose de sí misma, o levantarse y empezar el proceso de curación.

Si bien la primera opción pudiera haber

sido la más tentadora y la más fácil durante ese tiempo, ella percibió que la mejor era la segunda opción. Ella fue capaz de encontrar en sí misma, a pesar de estar enfrentando el desafío más duro de su vida, la fuerza y la voluntad de perseverar.

Así que, ella empezó a buscar respuestas en cómo podía curarse. Al principio, se sumergió en diferentes clases de foros, lo cuales estaban dirigidos a aquellos que están pasado por la misma situación. Sin embargo, en vez de darle un giro a su vida, se deprimió aún más al darse cuenta de las distintas luchas con los cuales lidian otras personas. Esto empeoró la situación.

Luego, por un golpe de suerte o simplemente por coincidencia, se topó con algunos oradores increíbles que enseñan a las personas cómo cambiar sus vidas a través del pensamiento positivo. De repente, a Jenny le quedó claro que era simple: si cambia sus pensamientos, ¡cambiará su vida!

Ella comenzó a leer y mirar videos. Muy

pronto, ella encontró la clave: aprender a perdonarse a sí misma por la duda y a perdonar a otros que la han decepcionado. Una vez que aprendió el arte de perdonar, comenzó a cambiar sus pensamientos.

Con el perdón fuera del camino, comenzó a verse a sí misma como una mujer competente. Ella comenzó a aprender cómo aceptar sus defectos y aumentar aún más su fuerza.

Ella aprendió a crear afirmaciones y las combinó con tener una actitud mental positiva. Cambiando sus pensamientos, se dio cuenta de que había estado enojada con su padre por haberla dejado sola. También se dio cuenta de cómo se había aferrado a su resentimiento hacia aquellos que no veían su valor. Se dio cuenta de que sus pensamientos estaban llenos de negatividad, tanto que se apoderó de su vida. Ella culpó a otras personas por su miseria, cuando la verdad es que ella fue la culpable.

Lentamente, ella aceptó que tenía que perdonarse y tenía que perdonar a otros.

Ella aprendió que la única persona que puede cambiar su vida era ella. En el momento en que aprendió a perdonar, se liberó una gran parte de la negatividad de sus pensamientos y comportamientos.

Fue difícil volver a subir, pero ella estaba dispuesta a llegar a la cima. Decidió que ya no quería ser un tapete para que otras personas pisen y menosprecien. Ella encontró su fuerza y su autoestima. Ella aún puede fallar, pero esta vez, cuando llega el fracaso, estará mejor equipada con mucho positivismo. Para ella, incluso los fracasos pueden convertirse en oportunidades de aprendizaje.

El mundo puede parecer un lugar hostil y algunas personas pueden aprovecharse de ti y decepcionarte. Recuerda la historia de Jenny. A lo largo de todo el tiempo, se sentía agobiada por creer que otras personas la habían decepcionado una y otra vez. Cuando no sabía cómo volver a ponerse de pie, el pensamiento positivo la levantó y la llevó a un lugar donde puede hacer las cosas correctamente.

## Capítulo 2

## Beneficios de Pensar de Forma Positiva

Cuando surgen desafíos y tragedias, es difícil mirar el lado positivo de las cosas. Pero, es cierto que cuando todo lo demás falla, todo lo que tienes que hacer es buscar, levantarte y comenzar de nuevo.

### *¿Cuáles son los beneficios de pensar positivamente?*

Puede que no te llegue de forma natural, pero estas son las razones por las que debes comenzar a cultivar pensamientos positivos:

### Te ayuda a lidiar con el estrés

Los pensadores positivos son optimistas, incluso ante la decepción. Una actitud positiva te ayuda a lidiar con el estrés de manera efectiva. El estrés es inevitable, pero la puedes superar siendo optimista, en lugar de ser pesimista. Cuando los optimistas enfrentan desafíos en la vida, es más probable que se enfoquen en las cosas que sobre las cuales tienen el control.

En lugar de insistir en tus frustraciones y en todas las demás cosas que no puedes controlar, diseña un plan de acción que pueda crear cambios positivos. Además, no tienes que enfrentar las cosas solo, siempre puede pedir ayuda y consejo a las personas más allegadas.

Los pesimistas se quedan estancados en cualquier situación porque creen que han perdido todo el control y que no hay nada que puedan hacer para cambiarlo.

Cambia tu forma de pensar: ¡siempre hay una solución!

## El pensamiento positivo es bueno para la salud

Dado que pensar positivamente te ayuda a superar el estrés y la ansiedad, tu salud en general también mejora. Las personas que siempre demuestran una vibra positiva no son propensas a la depresión. La mayoría del tiempo, los dolores y las molestias son crónicos por naturaleza. Cambia tus pensamientos y cambiarás tu vida.

**Atrae eventos y situaciones positivas**

En el momento en que decides cambiar los pensamientos negativos por positivos, comienzas a atraer solo cosas positivas. Esta es la Ley de Atracción en funcionamiento (más sobre esto en los siguientes capítulos).

Los semejantes se atraen, entonces, si tienes una inclinación por los pensamientos negativos, no tienes por qué preguntarte por qué no has estado obteniendo lo que quieres en la vida.

Piensa positivo y atraerás situaciones y circunstancias más positivas. ¿Te imaginas cuántas cosas maravillosas puedes atraer simplemente cambiando tus pensamientos?

## Te permite alimentar relaciones armoniosas

Cuando cambies a pensamientos positivos, comenzarás a ver todas las cualidades y atributos positivos de otras personas. Tenderas a mirar más allá de sus defectos y debilidades. A medida que tus pensamientos se vuelvan positivos, comenzarás a crear relaciones más significativas.

Recuerda, lo positivo tiene un efecto positivo. Desarrolla una actitud positiva y comenzarás a crear un ambiente más positivo a tu alrededor.

### Ser positivo te permite crear una mejor primera impresión

La mayoría de las personas se sienten atraídas por individuos con personalidades amables y amigables. Las personas positivas siempre causan una buena impresión. Sus pensamientos tienen un gran impacto en cómo serán sus futuras relaciones.

### Ser positivo es el tiquete al éxito

Pregúntale a muchas personas exitosas y te dirán que todo comenzó en sus mentes. Las personas positivas tienen más posibilidades de éxito en comparación con los pensadores negativos. Las personas que siempre están pensando negativamente tienen más probabilidades de fracasar ya que sus pensamientos están centrados en que van a echar las cosas a perder, en fallas, errores y decepciones. Cuando siguen aferrados a estos pensamientos, su subconsciente los interpreta como sus deseos.

El pensamiento positivo le permite ver siempre las cosas desde diferentes perspectivas, lo que le brinda la oportunidad de lograr un buen resultado en una situación terrible.

## Convierte tus problemas en grandes oportunidades

Una mente negativa nubla todo en tu vida. La negatividad ciega tu mente. Si aprendes a convertir estos pensamientos negativos en unos más positivos, verás las cosas desde diferentes perspectivas.

Una vez que te liberas de pensamientos negativos, las soluciones surgen naturalmente y los obstáculos se convierten en oportunidades. Los problemas y las situaciones difíciles son más fáciles de enfrentar cuando tienes una mentalidad nueva y más positiva.

## La abundancia te llega fácilmente

La mayoría de las veces, las personas continúan viviendo sus vidas quejándose de no tener suficiente, a pesar de que están más bendecidas que otras. Cuando los pensamientos negativos gobiernan tu subconsciente, dejas de ser agradecido y tiendes a dar las cosas por sentado. Volviendo al principio de la Ley de Atracción, los semejantes se atraen. Una variación es que cosechas lo que siembras: dispersas las semillas de la felicidad y la felicidad vuelve a ti.

Cuando continúas viviendo quejándote y pensando que podrías haberlo hecho mejor, no estás apreciando lo que se te ha dado. A veces, cuando hay algo que deseas con todas tus fuerzas y no lo consigues, te quejas y te sientes decepcionado.

La gratitud va un largo camino. Cuando estés agradecido por lo que tienes, el Universo continuará dándote lo que quieres.

Cuando piensas positivamente sobre ti mismo, cuando confías en lo que puedes hacer, te estás dando el impulso que necesitas para dar un excelente rendimiento todo el tiempo

*El pensamiento positivo es un buen motivador*

¿Estás de acuerdo en que el pensamiento positivo puede hacerte lucir más bella? Cuando estás lleno de positividad, tiendes a sonreír más, te vuelves más amigable y transpiras una felicidad palpable. Estas cualidades positivas te hacen más atractivo; más que hacerte bello por fuera, te hace bello por dentro. Tu belleza natural brillará cuando las situaciones difíciles no te estén abrumando, porque estarás confiado en que siempre encontrarás las respuestas y la información que necesitas.

### *¿Cómo puede el pensamiento positivo mejorar tu vida?*

El pensamiento positivo es más que mostrar una actitud alegre. Más que darte una disposición feliz, los pensamientos positivos pueden crear un gran valor en tu vida y te ayudan a desarrollar habilidades que son más beneficiosas que simplemente tener una sonrisa cálida.

Te puede interesar también el impacto que tiene pensar de forma positiva en tu salud, tu trabajo y tu vida en general.

Aquí hay algunos beneficios comprobados del pensamiento positivo para el bienestar en general:

Tu sistema inmunológico mejora.

Con tantas enfermedades que se manifiestan en todo el mundo, los investigadores médicos se han centrado en encontrar respuestas para comprender el sistema inmunológico y mejorar aún más su función.

También se han realizado estudios psicológicos. Estos revelaron que los pacientes con gripe, que mostraban una actitud positiva, se recuperaron más rápido que aquellos a los que se les pidió que alimentaran pensamientos negativos.

## Controla tu presión arterial alta

Cuando te vuelves más positivo en tus pensamientos, disposición y comportamiento, minimiza el estrés, y por ende, no sufres de sus efectos negativos. La presión arterial alta, la enfermedad cardíaca y otras enfermedades cardiovasculares son solo algunas de las condiciones que no te tendrás que preocupar si practicas el pensamiento positivo.

## Incrementa el poder de recuperación

Al pensar de forma positiva te permite desarrollar habilidades para afrontar las diferentes situaciones. Lo que quiere decir que te curas más rápido después de cualquier contratiempo médico. Además mejora tu sistema inmunológico, y el proceso de curación después de las fracturas y los procedimientos quirúrgicos tiende a ser más rápido para los pensadores positivos.

## El pensamiento positivo agrega años a tu vida

En promedio, las personas que son positivas agregan aproximadamente 10 años a su vida útil. Esto se debe principalmente a los muchos beneficios físicos y de salud que esta actitud positiva proporciona.

## Capítulo 3

## Hábitos de los Pensadores Positivos

El pensamiento positivo es un estilo de vida. No es una cosa algo de un día o una semana. Después de todo, es un reflejo de tu propia actitud. Sin que te des cuenta, puedes convertirte fácilmente en un cínico hacia el mundo, ya que estás continuamente expuesto a lo que parecen ser tragedias sin fin, injusticia, frustración personal y angustias.

Si alimentas pensamientos, actitudes y comportamientos negativos, te privarás de disfrutar la vida al máximo.

Quizás puedas aprender una o dos cosas de los pensadores positivos. Éstos son algunos de los hábitos comunes de las personas que practican el pensamiento positivo:

Mantener un diario de gratitud

Un solo pensamiento negativo puede arruinar todo el día y la naturaleza humana es aferrarse a ello, haciéndote perder el enfoque. Escribe al menos 5 cosas por las que estás agradecido cada día. Cuando te levantes por la mañana, lee tu lista del día anterior. Revisa el diario cada vez que empiecen a aparecer pensamientos negativos. Te sorprenderá al descubrir que has sido bendecido mucho más de lo que podría imaginar. La gratitud aumenta significativamente la alegría y la felicidad. De este modo, minimiza el estrés, la ansiedad, la depresión y la negatividad.

Ver los retos en una perspectiva diferente.

Los pensadores positivos no ven callejones

sin salida, solo ven otra forma de hacerlo. Consideran los desafíos como simples obstáculos y encuentran maneras de vencerlos. Aceptan los desafíos y tratan los fracasos como lecciones. Como diría Robert Kiyosaki, "A veces ganas y otras aprendes".

**No tomes los rechazos como algo personal.**

El rechazo te ayuda a crecer. Si no has sido rechazado al menos una vez en su vida, nunca aprenderás. Recuerda, los expertos una vez fueron principiantes. No te aferres a los noes que has recibido, más bien, utilizarlos como escalones para obtener más síes.

Los corazones de la gente se rompen para permitir que la luz entre.

*Piensa positivamente, todo el tiempo.*

Las afirmaciones positivas te ayudarán a manifestar tus pensamientos positivos. Cuando hablas de tu vida de manera negativa, así es como será la misma. La mente subconsciente escucha lo que dices. Así que, en lugar de decir lo ocupada y estresante que es tu vida, elige variaciones más positivas. No digas que estás ocupado, sino que has sido productivo. Siempre encuentra cosas más positivas que decir sobre tu vida. Te sorprenderías de lo rápido que esto hacer un cambio en tu vida.

*En lugar de decir tener, di puedo.*

El uso de "poder" cambia bastante las cosas; "tener" implica una necesidad de cumplir con ciertas obligaciones, mientras que "poder" implica estar agradecido por todas las cosas que tiene (incluyendo lo bueno y lo malo). Por ejemplo, no digas "Tengo que ir a trabajar", sino "Puedo ir a trabajar". O en lugar de "Tengo que pagar el alquiler", diga: "Puedo pagar el alquiler".

**Rodéate de personas positivas.**

Estés con pensadores positivos. Sin embargo, en cualquier lugar de trabajo, siempre habrá quejumbrosos. Cuando te enfrentes con algún compañero de trabajo que siempre se queja, incluso sobre el clima frío, no caigas en la trampa de aceptar o concordar con sus quejas. Si puedes encontrar personas que sean más positivas para pasar el rato, entonces hazlo.

**Sólo respira.**

Tu respiración está conectada a tus emociones. Los patrones de respiración cambian dependiendo de cómo te sientas. Si puedes respirar tan calmadamente como puedas todos los días, eso puede lograr una gran diferencia.

En tiempos de tragedia, inspírate en los héroes modernos.

Durante las tragedias, es difícil mantener una actitud positiva, especialmente cuando se ve la destrucción y la violencia en la televisión. Busque la positividad de los voluntarios que muestran bondad y heroísmo a su propia manera.

No solo pienses en los problemas, siempre trae soluciones también.

Cuando hablas de problemas, no solo te quejes de ellos. Asegúrate de estar preparado con diferentes propuestas para resolverlos. No te centres solo en lo malo, más bien, ofrece ideas sobre cómo corregir lo que está mal.

Haz sonreír a otra persona.

No necesitas dinero para hacer sonreír a alguien. A veces un simple "¡Hola! ¿Cómo estás? "Puede cambiar el estado de ánimo de alguien.

## Capítulo 4

## La Ley de la Atracción

¿Qué es la ley de la atracción? Es la capacidad de atraer a tu vida en lo te has concentrado. Sin importar la edad, la creencia religiosa o la nacionalidad, cada individuo en este planeta está afectado por la ley que rige el Universo.

La Ley de Atracción usa el poder de tu mente para traducir tus pensamientos y convertirlos en realidad. Esto significa que eres responsable de cómo se verá su futuro, como se dicen, todo está en tu mente.

Si tus pensamientos están llenos de negatividad y fatalidad, puedes esperar atraer lo mismo. Por otro lado, si estás lleno de pensamientos positivos, es probable que atraigas energía positiva, ayudándote a crear la realidad que deseas.

## *Aprende a usar la Ley de la Atracción*

La Ley de Atracción es uno de los mayores misterios de la vida, y solo unas pocas personas son conscientes de su poder. La Ley de Atracción está en funcionamiento, ya sea que estés consciente de ello o no. Eres un imán humano que envías tus pensamientos y emociones al Universo. El cual los recibirá y se verá e resultado reflejado en ti.

Entonces, cuando estés lleno de pensamientos negativos, las cosas negativas se manifestarán en tu vida; y cuando estás lleno de pensamientos positivos, atraes cosas positivas.

¿La Ley de Atracción es real?

La Ley de Atracción es real y puedes usarla a tu favor. Puedes aplicar sus principios en tu vida diaria.

El principio principal de la Ley de Atracción

es que puedes crear tu propia realidad, solo con el uso de tus propios pensamientos.

Cuando llegues a comprender las infinitas posibilidades que la vida tiene para ofrecer, también te darás cuenta de que eres el autor de tu propio destino. Tú creas tu propia vida.

¿Estás viendo solo negatividad en tu vida? ¿No te gusta el escenario que creaste?

Es simple, puedes cambiarlo!

Considera tu vida como un lienzo en blanco de posibilidades infinitas, y estás en el asiento del conductor para dirigir como quieres que se vea tu pintura al final.

***Pensamiento positivo y la ley de atracción***

El pensamiento positivo mejora sus vibraciones, permitiéndole sincronizarse con sus deseos. Las herramientas más poderosas para desbloquear la Ley de Atracción son los pensamientos y creencias positivas.

Libérese de pensamientos negativos y simplemente concéntrese en el pensamiento positivo y la Ley Universal de Atracción. Para deshacerse de la negatividad, tiene que aceptar y reconocer que todo lo que ha sucedido en su vida (y todo seguirá ocurriendo) es por lo que has hecho.Todo, sea bueno o malo, fue el resultado de tus pensamientos y creencias.

Pero cuando comienzas a entender realmente que todavía tienes el poder de cambiar tu vida usando la Ley de Atracción y el pensamiento positivo, también te darás cuenta de que todo es posible.

La Ley de Atracción te enseña que no eres lo que quieres, sino que eres quien eres. Aproveche el poder de la Ley de Atracción haciendo lo siguiente, e incorpore pensamientos positivos para manifestar tus esperanzas y sueños:

*Mantente enfocado en tus deseos.*

No te centres en lo que quieres, sino en tus deseos y conviértelos en intenciones positivas. Comienza un "diario de deseos" donde anotarás tusmás profundos y fuertesdeseos. Léelo todos los días y tacha el elemento que se ha alcanzado.

*Mira tus problemas con nueva perspectiva.*

Ve los problemas como desafíos que puedes superar. Piénsalo como regalos que no son fáciles de obtener y no como problemas. Observe cada instancia sobre cómo puede convertir cualquier desafío que encuentre en una oportunidad.

*Desafía la forma en que piensas.*

La mente es poderosa, puede crear cualquier cosa, verdadera o no. Con el uso de la visualización, puede aprovechar el poder de su mente y convertirlo en una herramienta de pensamiento positivo. Si dejas que tu mente controle todo, también puedes crear temores, dudas y cosas que en realidad no existen. No dejes que estos pensamientos negativos te consuman. Desafía tus pensamientos.

**Centrarse en un plan de acción.**

No puedes alcanzar tus metas sin crear planes de acción. El pensamiento positivo es una cosa, y la planificación de tus acciones es otra. No te preocupes si tus planes de acción propuestos no son perfectos. Fallar es parte de la vida. Tome medidas más importantes para garantizar que obtenga resultados más significativos y favorables. Una vez que actúas, la mente cambia automáticamente a un estado positivo. Sus vibraciones comenzarán a aumentar, así que ansíe visualizar tus deseos.

Sé agradecido, todo el tiempo.

Aprecie y sea agradecido por todo, incluso las cosas más pequeñas, como por lo bueno que estuvo el café en la mañana o cómo el portero lo recibió de forma agradable en cuando entró a la oficina. Cada vez que comienza a tener pensamientos negativos, recuerde las cosas por las que está más agradecido.

Deja de resistir.

A veces, tiendes a complicar las cosas. Te preocupas mucho. Esto da como resultado que siempre tenga pensamientos negativos sobre nuevas ideas, especialmente cuando no estás seguro de cuáles serán los resultados finales. No dejes que este tipo de pensamiento hunda tu vibra. El Universo está lleno de oportunidades, ideas y personas que tienen el poder de cambiar completamente la dirección que tomará en la vida. No tengas miedo de lo desconocido, abrázalo como un amigo perdido de hace mucho tiempo.

**Vivir en el momento presente.**

Vivir el presente. No te preocupes por el futuro porque no ha llegado, y no mires al pasado porque ya se ha hecho. Enfócate en vivir en el presente.

## Capítulo 5

## Practique la Ley de la Atracción y el Pensamiento Positivo

Cada experiencia positiva o negativa que te ha sucedido en la vida, la atrajiste, consiente o inconscientemente.

¿Recuerda el momento en que no tenías dinero y pensaste seriamente en cómo hacer para pagar tus facturas al día siguiente y llegó una transferencia de dinero? ¿O el momento en que no tuviste dinero para almorzar y tu mejor amigo de repente pagó el dinero que te debía? ¿O recuerdas el momento en que tuviste un gran día, pero conversaste con tu compañero de trabajo que se quejó mucho, y terminaste de mal humor también?

Estás practicando los principios de la Ley de Atracción en tu vida diaria y ni siquiera estás consciente. Cuando lo complementas con pensamiento positivo, tienes una herramienta poderosa.

Puedes hacer lo siguiente todos los días (además de los conceptos básicos enumerados en el capítulo anterior) para practicar la Ley de Atracción con pensamiento positivo:

1. Meditar

Relaja tu mente y tu cuerpo meditando durante unos 5 a 10 minutos. Este ejercicio ayuda a aumentar tu capacidad cerebral y mantiene tu mente en un estado de relajación.

2. Saber lo que quieres.

Debes tener claro con lo que quieres. Una vez que haya decidido que deseas algo, no dudes de tí mismo de que no lo vas a obtener. Tu "solicitud" debe ser clara para que el Universo no malinterprete tus pensamientos y comportamientos. Es imperativo que sepas exactamente lo que quieres. Si envías señales poco claras o contradictorias al Universo, es probable que recibas resultados no deseados. Asegúrate con tus deseos y siéntete fuerte acerca de ellos.

### 3. ¡Debes pedirlo - con convicción!

Si quieres algo, asegúrate de que el Universo conoce y comprende tu solicitud.

Crea una imagen mental de lo que estás pidiendo y envíalo al Universo. Mírate a ti mismo disfrutando de lo que pediste. Visualizate en imágenes vívidas. Si quieres un nuevo teléfono móvil, crea una imagen clara de ti mismo ya usándolo. Ten en cuenta cómo te sientes cuando sostienes tu nuevo teléfono en tus manos. Siente el frío del metal tocando tus manos. Ve la marca vívidamente. La visualización consiste en crear imágenes mentales de lo que quieres lograr. Estas imágenes se enviarán al Universo y pronto, su solicitud será enviada a usted.

## 4. Crear una "lista de deseos".

Escribe lo que quieras. Puedes comenzar con esta frase: "Estoy muy contento y agradecido ahora que ...", continúa con lo que desees. Escríbelo como si estuviera sucediendo justo en este momento. No utilices términos con connotaciones negativas. Incluso si usa palabras de negación como "no" o "no", el Universo no las reconocerá. Por ejemplo, si desea estar libre de problemas financieros, escriba una solicitud de esta manera: "Estoy feliz ahora que soy rico" o "Estoy agradecido de tener todo lo que necesito". Evita escribir: "Quiero salir de la deuda", el Universo reconocerá la palabra deuda y no tendrá en cuenta la frase salir. Para estar seguro de lo que quieres, utiliza términos positivos.

Cree que los deseos se hacen realidad y

que los estás "manteniendo" en este momento. Visualizalos claramente. Nunca dudes que tus deseos se harán realidad.

Sin embargo, ten en cuenta que es mejor centrarse en un deseo a la vez.

5. Sea consciente de lo que siente mientras se visualiza con el deseo hecho realidad

No solo lo desees y lo veas claramente, también tienes que sentir que ya recibiste el deseo. Por ejemplo, siente cuán feliz estás ahora que estás libre de deudas. Siente tu extrema felicidad por disfrutar de las abundantes bendiciones.

Este es un paso importante porque aquí es donde trabajará el Universo para darte lo que deseas. En este punto, el Universo manifestará este pensamiento y sentimiento. No deberías tener dudas. Permanezca seguro de que lo recibirá pronto.

## Capítulo 6

## Afirmaciones Positivas

Para aprovechar el poder de la Ley de Atracción y el pensamiento positivo, en este capítulo te proporcionamosalgunos ejemplos de afirmaciones positivas que puedes recitar todos los días para manifestar tus deseos. También puede escribir tus propias declaraciones de afirmación, solo asegúrate de no usar términos con connotaciones negativas.

### *Para la abundancia y Prosperidad*

Estoy agradecido de que la abundancia fluya libremente hacia mí.

Soy un imán de dinero.

Mi corazón agradecido continúa atrayendo abundancia y riqueza.

Mi día está lleno de infinita alegría, amor y abundancia.

Estoy agradecido por tener todo lo que necesito

***Para el éxito***

Estoy viviendo el sueño.

Estoy agradecido de que estoy disfrutando del éxito ahora.

Soy feliz, fácilmente logro lo que me propuse.

Hoy, doy la bienvenida a las infinitas oportunidades que el Universo está lanzando en mi camino.

Cada decisión que tomo, me llevan a nuevas oportunidades.

***Para la confianza en sí mismo***

Soy lo que soy, y me amo por eso.

Estoy agradecido de que soy fuerte y capaz de hacer las cosas que amo.
Cada día, adquiero fuerza con cada paso que doy al cumplir mi destino.

Me merezco todo lo que tengo ahora.

Dejo de lado toda vacilación y dejo espacio para mi victoria y éxito.

## Conclusión

Muchas gracias por leer este libro.

Espero que ahora tenga una mejor comprensión de cómo el pensamiento positivo y la Ley de Atracción pueden ayudarlo a hacer mejores cambios en su vida. Tu próximo paso es comenzar a practicar para que el cambio pueda comenzar pronto.

Sin embargo, siempre recuerde que la positividad es una búsqueda de por vida, no ayudará si elige ser positivo solo en ciertos días. Necesita hacer los cambios necesarios en sus hábitos y mentalidad para poder ver constantemente las cosas de la mejor manera posible. El viaje hacia la positividad puede no ser lo más fácil, pero definitivamente valdrá la pena. Pronto, disfrutarás de los regalos y la buena fortuna que viene solo con una actitud positiva que está afinada para aprovechar la Ley de Atracción.

¡Gracias y buena suerte!

# Parte 2

## Introducción

Algunos críticos han descartado el pensamiento positivo como una teoría del pastel en el cielo sin ninguna base en la realidad. Sin embargo, el pensamiento positivo se ha estudiado científicamente y se ha demostrado que conduce a mayores ingresos, satisfacción conyugal, vida más larga y mejor salud.[i] Es difícil ignorar los hechos. El pensamiento positivo es real, y puede cambiar tu vida.

Este libro busca explorar el pensamiento positivo a través de la visualización, eliminando la energía negativa, utilizando el recurso del tiempo de manera eficiente y discutiendo cómo el dolor y los contratiempos que todos experimentamos se pueden ver y usar para siempre.

---

[i] Fredrickson BL, Cohn MA, Coffey KA, Pek

J, Finkel SM. Open Hearts Build Lives: Positive Emotions, Induced Through Loving-Kindness Meditation, Build Consequential Personal Resources. *Journal of personality and social psychology*. 2008;95(5):1045-1062. doi:10.1037/a0013262.

**Vive Para El Mañana**

La ley de la atracción dice que atraemos personas, situaciones, circunstancias y posesiones de lo que pensamos la mayor parte del tiempo. Si lo que te enfocas es "bueno" o "malo" no importa. Si estás pensando en ello, se manifestará en tu vida. Si lo piensas, esto tiene sentido. ¿Con qué comienza cada acción que tomas en tu vida? ¡Un pensamiento! Creo que iré por una taza de café. Ese es el comienzo de manifestar tu taza de café. Piensas en qué tipo de auto conseguir, piensas con quién te gustaría tener una cita. Las circunstancias de tu vida empezaron con un pensamiento.

Tu subconsciente es poderoso y no distingue la realidad y la fantasía como lo hace su mente despierta y consciente. Si le dices a tu mente "Soy pobre" o "Soy débil", tu mente lo creerá y actuará en consecuencia. Tu mente está a cargo de asignar recursos, producir sentimientos, iniciar acciones y más. Si tu mente cree un pensamiento negativo, se comportará como si ese pensamiento fuera realidad y actuara sobre él. Discutiremos la energía negativa en un capítulo posterior, así que dejemos eso de lado por ahora.

Volviendo al ejemplo de ser débil, imagina que eres fuerte. No te concentres en lo pequeño que eres, o en cómo tus brazos no son tan grandes como te gustaría, o en cómo tienes muchas áreas en las que te gustaría convertir la grasa en músculo. Eso solo reforzará la creencia de tu mente en esas características, y tu mente producirá acciones congruentes con esas creencias. En cambio, dile a tu mente que eres fuerte. Concentratu energía en maneras de volverte más fuerte, técnicas para levantar más peso y si haces estas cosas con fe, y tomas medidas para respaldar estas creencias, un día verás la manifestación: serás más fuerte.

Esto va para todas las áreas de la vida. Decide quién quieres ser. Imagina en detalle cómo sería eso. Mírate a ti mismo como una nueva persona. Dale a esa nueva persona un vestuario que refleje la vida que deseas. "Observa" a este nuevo tú, usando el ojo de tu mente, pasando por un día típico. Visualiza despertar, ¿qué ves? ¿Qué comes en el desayuno, cómo es tu casa? ¿Cómo empezarás tu día? ¿En qué trabajas? Visualiza todas las actividades que tu nuevo yo haría en un día típico. ¿Te ves en el gimnasio, fuerte, cortante y capaz de romper tu propio récord? ¿Te ves con los clientes, cerrando una gran venta? ¿Te ves conduciendo tu vehículo o camioneta de lujo favorito?

Imagina la escena como si ya fuera tu vida, como si ya hubieras llegado. Ponte cómodo allí. Pasa un tiempo como tu nuevo yo. Profundiza en los detalles. Cree que esta es tu vida ahora. Es tu verdad, así que acostúmbrate. Deberías estar cómodo como el nuevo yo, así que dedica un tiempo a desarrollar esto.

Un hombre que ha manifestado el éxito en su ser es el Campeón de peso pluma de UFC Conor McGregor.

**"Si puedes verlo aquí y tienes el coraje suficiente para hablarlo, sucederá." − Conor McGregor** [i]

McGregor usa la visualización para manifestar el éxito, las circunstancias y las posesiones en su vida. Dijo que simplemente se lo imagina, como un niño imaginaría cosas creyendo que son reales. Dio un ejemplo de un momento en el que tenía dificultades financieras, y estaba conduciendo un auto tembloroso y desvencijado, visualizó conducir un auto nuevo. Él cree que la ley de la atracción funciona mejor cuando creemos, incluso cuando actualmente estamos luchando porque es más difícil hacerlo durante una lucha. [Ii] Hoy en día sí posee varios vehículos nuevos muy buenos.

No uses la palabra o el concepto de "querer" en tu visualización. No digas "Quiero un hogar hermoso". Esto manifestará "falta" en tu vida, no el objeto de la necesidad. En su lugar, visualiza la casa, y más importante, pasa tiempo allí. Es TU casa, ¿verdad? Mírate allí disfrutando de todos los detalles de calidad que tiene tu casa.

---

### Aprende De Tu Dolor

Reconoce los errores y aprende de ellos para que no los repitas.

¿Qué papel estoy jugando en esta situación? No te veas como la víctima. Ve tu parte en ella para que puedas cambiarla. Vive desde la perspectiva del autoempoderamiento. Ser una víctima le da a "otros" el poder.

Cambia de pensamiento de víctima a ver tus circunstancias como un reflejo de tu estado interno. El dolor puede hacer que estemos conscientes de la mentalidad de una víctima. Es importante conocer y perder la mentalidad de víctima, ya que esta mentalidad te limita y te hace impotente. Recupera tu poder.

Un lugar de donde proviene la emoción, incluida la emoción del dolor, es la experiencia pasada. Es importante estar consciente de esto porque, para cambiar esta dinámica, el primer paso es identificar el incidente o incidentes y la emoción que evocan en ti.

Un estudio demostró que sientes emociones antes de que puedas procesar el incidente que causó la emoción. [I] Esto se debe a que la mente subconsciente te proporciona esa emoción y tu mente consciente necesita más tiempo para recuperarse. Así que primerosentimos antes de pensar. Ese es un pensamiento serio. Pero como verás, tener este conocimiento te dará poder.

Cuando sientes la emoción del dolor o una emoción negativa similar, como la ira, la duda, la impotencia de inferioridad, es porque tu mente subconsciente asocia el evento que acabas de experimentar con un evento similar en tu pasado y te da la sensación de la misma sensación que tuviste durante el pasado. El evento original.

La causa del dolor puede ser compleja. Es posible que tu mente consciente no pueda comprender por qué el incidente actual causó la emoción negativa. Tu mente consciente busca la causa fuera de ti. Esto es similar a tener una mentalidad de víctima porque si la causa está fuera de nosotros, no tenemos poder sobre ella.

La causa real de la emoción está dentro. Ya que técnicamente, los eventos son neutrales, la causa debe estar dentro. Considera esto. Diez personas experimentan el mismo evento, y lo que obtienes son diez emociones diferentes, dado que algunas son similares. Cada una de las diez personas tiene su propio conjunto de experiencias de vida utilizadas para asignar emociones a ese evento en particular.

Estas emociones dolorosas existen dentro de ti como parte de tu sistema de creencias. Este daño existe dentro de ti y de esta manera, el dolor es útil porque señala el daño, y una vez que sepas dónde se encuentra el daño, puede comenzar a repararlo.

Si no arreglas el daño, el evento actual actuará para fortalecer la respuesta del dolor a eventos similares. Si no manejas el daño, continuará atrayendo personas y situaciones que causan emociones dolorosas. Siéntete agradecido por estas emociones negativas porque si no las tuviéramos, no nos daríamos cuenta de que había daños y no podríamos repararlos.

Muchas veces, son las personas más cercanas a nosotros, las personas que nos importan y atraen a nuestras vidas las que están involucradas en estos eventos que nos causan dolor. En general, las personas que cuidamos y que nos cuidan no pretenden hacer daño. Ellos no quieren lastimarte. Si lo quieren, entonces esto no se aplica, y debería tomarse un tiempo para evaluar sus relaciones. Pero aparte de eso, muchas veces la persona o el evento que causó tu emoción negativa no fue realmente diseñado para hacerte daño.

Considera este ejemplo. Fuera de forma, un hombre de mediana edad se une a un gimnasio y va a su primer entrenamiento. Llega con una camiseta blanca para cubrir sus rollos y su creciente barriga cervecera. Se dirige a las máquinas de pesas y ve a un amigo cercano que recientemente ha perdido peso y se ha vuelto musculoso, levantando mucho más de lo que puede en ese momento. El hombre en ese momento se siente inferior, creyendo que su amigo es mejor que él, y se siente impotente al creer que no puede levantar el mismo peso que su amigo. El amigo en el gimnasio no es la causa de sus emociones. La causa está dentro. Sus amigos tienen buenas intenciones y les gustaría ayudar, pero existen las emociones negativas.

Este dolor no puede ser evitado. No se puede esperar que las personas que parecen causarlo cambien para que no sientas el dolor. Lo que debe hacer es reconocer la causa del dolor que está profundamente dentro de nosotros y curarlo, para que el dolor no vuelva a aparecer una y otra vez.

---

[i] Chun Siong Soon, Marcel Brass, Hans-Jochen Heinze & John-Dylan Haynes, "Unconscious Determinants of Free Decisions in the Human Brain." Nature Neuroscience, April 13th, 2008

http://citeseerx.ist.psu.edu/viewdoc/down

load?doi=10.1.1.520.2204&rep=rep1&type=pdf

## Reivindica La Energía Negativa

*El Pensamiento Negativo y sus Efectos en tu Mente*

Imagina que estás conduciendo por la autopista y el auto que está delante de ti comienza a cola de pescado, con bastante severidad. Crees que va a perder completamente el control de su vehículo. El problema es que tienes un semirremolque a tu izquierda, y además, no sabes dónde terminará este auto una vez que esté fuera de control. En este punto estás temeroso. Lleno de miedo.

Ese miedo causa un alto nivel de enfoque. Solo tienes una cosa en mente: cómo evitar un accidente catastrófico. En este caso, el miedo es útil porque necesitas el miedo para estar enfocado. Pero muchas veces el miedo, la ira y otros pensamientos negativos son perjudiciales. ¿Por qué? Bueno, son dañinos porque muchas veces el pensamiento en sí es innecesario, pero nuestra mente responde al pensamiento como lo haría si fuera necesario, como lo fue en el escenario del accidente de automóvil descrito anteriormente. Nuestra mente reacciona a estas emociones enfocando nuestra atención exclusivamente en el problema o incidente y cerrando las oportunidades y los beneficios del pensamiento positivo. Si bien el enfoque causado por el pensamiento negativo puede ser útil en una verdadera emergencia, es perjudicial en otros lugares.

La triste paradoja es que los pensamientos negativos nos hacen enfocarnos aún más en lo negativo cuando nuestra mente trata de resolverlo. Nuestra mente está tratando de "evitar el accidente" con cada pensamiento negativo que evocamos. Imagina tener una fecha límite para un proyecto importante en el trabajo mañana. Vienes a casa para terminar el proyecto, pero cuando llegas a casa, descubres que el matón de la escuela maltrató a tu hijo, y él fue reprendido por pelear en la escuela. Estás furioso con la escuela y con el matón. Tu estás aprovechando este pensamiento negativo y no puedes centrarse en el proyecto de trabajo. Debido a que no pudiste concentrarte, no pudiste completar el proyecto y no cumpliste con la fecha límite, lo que dejó a varios compañeros de trabajo en el proceso.

El pensamiento negativo es perjudicial debido a la forma en que actúa en tu mente, cerrando los pensamientos positivos y todos los beneficios obtenidos por el pensamiento positivo.

## *El Pensamiento Positivo y sus Efectos en tu Mente*

El estudio citado en el párrafo de introducción de este libro establece que, si bien el pensamiento negativo restringe nuestro pensamiento, el pensamiento positivo amplía nuestro pensamiento. El pensamiento positivo en realidad produce un funcionamiento óptimo a largo plazo. La alegría crea ganas de jugar y ser creativo. La emoción positiva de interés crea un impulso para explorar, aprender y experimentar cosas nuevas. El contentamiento crea la necesidad de saborear las circunstancias de la vida. El amor, que se cree que es una combinación de emociones positivas, crea la necesidad de jugar, explorar y saborear a nuestros seres queridos.

Si bien los pensamientos negativos, cuando son apropiados, pueden ser útiles en el momento, los pensamientos positivos tienen la capacidad de afectar a una persona a largo plazo al construirse como activos individuales. A través del juego, los jóvenes desarrollan habilidades físicas que se usan más tarde en la vida. El juego también construye vínculos sociales, que benefician al individuo en prácticamente todas las áreas de la vida. Cada emoción positiva realza los activos de los individuos de alguna manera. Pueden mejorar la vida de un individuo física, social, psicológica o intelectualmente. El estudio continuó diciendo que los beneficios del pensamiento positivo son duraderos. Las personas pueden aprovechar los activos ganados mientras piensan positivamente, durante los momentos más difíciles.

Una hipótesis probada durante el estudio fue la capacidad de usar el pensamiento positivo para corregir el daño causado por el pensamiento negativo. Los investigadores pusieron a los sujetos de investigación en una situación que produce ansiedad y que elevó su ritmo cardíaco y su presión arterial. Después de esto, dividieron los temas para ver una película cada uno. Los participantes ven una película que produce alegría, satisfacción, una película neutral o una que produce tristeza. Lo que los investigadores encontraron fue que, si bien ninguna de las películas afectó al sistema cardiovascular sin la prueba de producción de ansiedad, las que se sometieron a la prueba de producción de ansiedad se vieron afectadas por las películas. Quienes vieron las películas por alegría y satisfacción se recuperaron más rápido del aumento de la frecuencia cardíaca y la presión arterial que el grupo de control que vio una película neutral. Los que vieron una película triste después de la prueba de ansiedad se recuperaron más lento que todos los grupos.

## *Cómo aumentar el pensamiento positivo en tu vida*

Recuerda del capítulo anterior que el pensamiento negativo y las emociones no deben simplemente ignorarse o suprimirse, ya que tienen un propósito. Ellos están allí para la curación y el crecimiento. La clave aquí es tratar los problemas que subyacen a los pensamientos negativos. Si no se abordan los problemas subyacentes, no se producirá un cambio duradero. Una vez que se aborda el pensamiento negativo, podemos observar el aumento del pensamiento positivo en nuestra vida.

## *Pensamiento positivo y nuestra rutina de fitness.*

La investigación de la Performance Motora y el Laboratorio de Aprendizaje de UNLV tiene mucho que decir sobre la positividad y la motivación durante los entrenamientos. [yo]

### *Refuerzo positivo*

Una persona que recibe retroalimentación positiva durante un entrenamiento tiene una mayor percepción de competencia, en otras palabras, cree que es buena en el ejercicio por el que recibió una retroalimentación positiva. Tal vez esto explique por qué la cultura de CrossFit, donde los miembros se animan entre sí, es tan popular porque los comentarios positivos motivan a cada miembro.

Los estudios demuestran que cuando un atleta cree que lo está haciendo bien y confía en su rendimiento, esto conduce a un rendimiento y aprendizaje óptimos. Entonces, ¿cómo ayudará esto a los menos confiados o inexpertos? La idea es que necesita rodearse de personas positivas que le den buenos comentarios.

Lo curioso es que estos estudios han demostrado que incluso si la retroalimentación es falsa, el efecto es el mismo, mejora el rendimiento. El estudio comparó la retroalimentación falsa positiva, la no retroalimentación y la negativa. La retroalimentación falsa positiva mejoró el rendimiento más que el promedio y más que ninguna retroalimentación y retroalimentación negativa. Las implicaciones aquí son bastante claras. Evite a las personas negativas y encuentre personas que sean motivadoras y positivas, y haga ejercicio con este tipo de personas.

*Tomar la carga*

Los estudios también muestran que cuando se nos da una opción, incluso si la elección es algo trivial, tenemos un mejor desempeño y una mejor mentalidad. Como ejemplo, supongamos que alguien en una clase de CrossFit se enfrenta a la posibilidad de saltar a la caja pliométrica. Ahora digamos que el instructor insiste en que la persona salta hacia el lado largo, mientras que la caja es más alta. Ahora digamos que en lugar de que se requiera usar el lado largo, a la persona se le da la opción de usar el lado largo o el lado corto. La persona que tenga la opción tendrá un mejor desempeño y estará menos nerviosa simplemente porque tiene más control. Tener control sobre nuestro entorno es una necesidad tanto psicológica como biológica que mejora nuestro rendimiento. Lo que hay que hacer aquí es entrar en un gimnasio o una situación física donde tenga opciones y control sobre su entrenamiento, tendrá un mejor rendimiento y estará más motivado.

*Enfoque fuera*

Los estudios también han demostrado que focalizamos en asuntos internos en el deporte. Si nos enfocamos en los movimientos del cuerpo en lugar del resultado del movimiento en sí, tenemos un desempeño más pobre. Como ejemplo, alguien que intente mantener el equilibrio en una plataforma tendrá un mejor desempeño si se le indica que se centre en minimizar los movimientos de la plataforma en lugar de minimizar el movimiento de sus pies, porque el atleta se está enfocando fuera de sí mismo. En el golf, los dardos o el baloncesto, si el atleta se concentra en sus movimientos de la mano o la muñeca, se desempeña peor. Si se centra en la trayectoria o el movimiento del objeto (club, dardo, baloncesto), el rendimiento fue mejor. El estudio dice que cuando nos enfocamos en el cuerpo o los músculos involucrados, involucramos más grupos musculares y nos volvemos menos precisos. Los levantadores de pesas que se enfocaron en el movimiento del brazo se desempeñaron peor que aquellos que se enfocaron en el peso. Esto es algo fascinante. Lo que piensas es poderoso. Tu mentalidad afectará tu entrenamiento, habilidad, motivación y nivel de confianza.

[i] Lewthwaite, R., & Wulf, G. (2010b). Social-comparative feedback affects motor skill learning. Quarterly Journal of Experimental Psychology, 63, 738–749

No descanses en tus laureles

La clave para el crecimiento personal no es volverse complaciente. Estar contento es bueno, significa que sabes que tienes lo que necesitas. Pero para seguir mejorando no debes volverte complaciente. Ser complaciente significa dejar de esforzarte en mejorar. Tal vez has visto algunos éxitos, y como dicen, estás descansando en tus laureles, satisfecho con tu éxito

PASADO. La cuestión es que ese es tu pasado y no vivimos en el pasado. Siempre nos dirigimos a algún lugar porque lo único seguro es que la vida es el cambio. Si no avanzamos, es poco probable que nos quedemos en el mismo lugar. Por lo tanto, ningún movimiento hacia adelante significa que probablemente estamos retrocediendo y regalando nuestro éxito pasado.

La complacencia está siendo relajada hasta el punto de estar inactiva. Es renunciar al crecimiento por una seguridad cómoda. Hay algo sobre la comodidad y la seguridad que nos arruina. Es el reto que nos mantiene vitales. Una vez, hubo una compañía de peces que recolectaba peces del océano y los enviaba a largas distancias. Los peces se mantuvieron vivos en tanques para que permanecieran frescos. El problema era que, cuando los peces llegaron al destino, resultó que no tenían el mismo sabor y textura que los peces recién capturados. ¿Por qué? Los peces no tuvieron ningún reto durante sus viajes; no había depredadores en el tanque viajando con ellos. Eran complacientes. El problema se resolvió agregando algunos depredadores a cada tanque. Ahora se requería que los peces estuvieran alertas durante el viaje, y el resultado fue un pescado con mejor sabor y textura. Entonces, ¿qué te está haciendo la complacencia en estos días?

## Tus 86400 segundos

Un aspecto importante de dominar su vida es dominar el uso del tiempo que tiene. Tu tiempo es uno de tus recursos más preciados.

El budista tiene un concepto llamado la encarnación preciosa, que es tu probabilidad de estar vivo. Si lanzas un salvavidas en el océano donde una sola tortuga estaba nadando, tus probabilidades de encarnación son las mismas que las de esa tortuga que aparece con su cabeza en el centro de ese salvavidas en su primer intento. El hecho de que estés vivo es milagroso. Dado que tu encarnación es un evento tan especial, se deduce que tú, tu vida y su propósito son especiales. Hay una razón por la que estás aquí.

Como hay una razón por la que estás aquí, debe haber cosas que debes cumplir. Pero hay un problema. La mayoría de las personas no logran todo lo que podrían. La mayoría de las personas nunca se dan cuenta de su potencial. ¿Porqué es eso? ¡Una de las cosas más grandes que se interponen en el camino de nuestros logros no es otra que NOSOTROS MISMOS! Sí, nos aplazamos. Es una elección, esta dilación. Pero también es impulsado biológicamente. La dilación es también un hábito. Muchas personas sufren de dilación.

Obtener lo que desea es fácil, usted sabe lo que necesita hacer. Si no lo sabe, hay blogs, libros, seminarios y clases que puede tomar para mostrarle el camino paso a paso hacia el éxito. Los programas del instituto de empresas, las personas comienzan las rutinas, cada resolución de Año Nuevo se hace para cambiar nuestras vidas y finalmente obtener lo que queremos. ¿Entonces, cuál es el problema? La dilación es el problema, y la dilación es un hábito. Al igual que cualquier otro hábito que tenemos, se puede romper.

Echemos un vistazo por un momento a la dinámica de la dilación. ¿Cómo nos aplazamos? ¿Cuáles son las cosas que hacemos, cuando deberíamos estar haciendo aquellas que conducen al éxito, y por qué las hacemos?

¿Qué hacemos cuando nos aplazamos?

¿Cuál es nuestra recompensa por demorar? Algunas personas verifican el correo electrónico, navegan por la web, leen artículos en línea, ven una película, conversan durante horas a través de mensajes de texto o cualquier cantidad de distracciones. No es difícil darse cuenta de lo que haces cuando te demoras. Pero tómese un minuto y piense en estas actividades porque las revisaremos en un minuto. Una vez que haya resuelto el "qué haces", podemos pasar a "por qué haces estas cosas".

Entonces, ¿por qué te involucras en estas actividades? Este es el factor de recompensa. Si sacas algo, debe haber alguna recompensa. Por lo general, las cosas que haces son placenteras, entretenidas, fáciles o satisfactorias. Estas "recompensas" refuerzan el comportamiento de la dilación. Por eso es tan difícil salir de la dilación.

Entonces, ¿cómo nos escapamos? ¿Nos obligamos a nosotros mismos? ¿Forzarnos a nosotros mismos a darnos la misma recompensa que las actividades de dilación? No es probable. La fuerza es desagradable y no compromete nuestro sistema de aprendizaje basado en recompensas naturales. Entonces, ¿qué funciona? Debemos encontrar recompensas en NO postergar y encontrar fallas en las actividades de postergación que realizamos.

Para encontrar fallas en las actividades de procrastinación, podemos ver cuánto nos cuestan u otras formas en que son desagradables. Entonces, ¿cuál es el costo de navegar por Facebook o ver videos de YouTube todo el día en lugar de trabajar? Sabes que te cuesta tiempo, que es un recurso precioso. ¿Pero es este conocimiento suficiente para ayudarlo a salir del hábito de la dilación?

Judson Brewer, Director de Investigación para el Centro para Mindfulness, en la UniversidadTy de Massachusetts dice que la clave es la curiosidad. Tener curiosidad acerca de por qué hacemos algo puede ser una recompensa en sí misma. Considera cómo te sientes cuando tienes curiosidad. La curiosidad es naturalmente gratificante. Cuando estamos demorando, Brewer recomienda que NO nos obliguemos a detener el comportamiento. En su lugar, simplemente sea curioso, tenga en cuenta por qué se involucra en el comportamiento. ¿Cuáles son los aspectos negativos y positivos de la conducta?

En el caso de navegar por la web, ¿qué obtienes al pasar una hora publicando y viendo videos? Es entretenido; Usted puede recibir el placer del entretenimiento. Pero también es agotador y pierde el tiempo que podría dedicar a sus metas. Puede notar que comienza a sentirse sin inspiración o agotado mientras participa en las actividades. Después de un período de tiempo más largo, puede que se dé cuenta de todas las otras cosas que necesitaba hacer con ese tiempo.

Brewer dice que la idea es ser consciente del deseo de posponer las cosas. Averigua de qué estás hecho. Conviértete en un investigador de tus propios hábitos. Esta atención llevará al desencanto con la actividad. Su conocimiento de por qué se involucra en la actividad hará que se sienta menos interesado en participar en la dilación.

Usar la conciencia para detener un mal hábito es mucho más efectivo para eliminar el mal hábito que usar la fuerza. La razón es la que activa su sistema de recompensa natural para superar el mal hábito y así poder reemplazarlo por un buen hábito.

El enemigo interno

El enemigo interno en lo que se refiere al rendimiento atlético.

El mismo grupo que realizó los estudios discutidos en el Capítulo 3 también estudió cómo pensar en nuestro propio desempeño durante una actividad degrada nuestro desempeño. Este pensamiento es en cierto modo contrario a la intuición, porque se supone que debemos pensar en nuestro desempeño para mejorarlo.

Los investigadores probaron dos grupos de ex jugadores de béisbol. Estos grupos se dividieron en el grupo "yo" y un grupo de control. Se le pidió al grupo propio que escribiera sobre temas relacionados con su propio desempeño o desempeño anterior. En el medio de la escritura, debían balancearse en las pelotas wiffle y ganar puntos en función de dónde aterrizaron las pelotas wiffle. El grupo de control también se lanzó a las bolas wiffle, pero se les asignaron tareas que no estaban relacionadas con pensar en sí mismos.

El grupo "propio" se desempeñó consistentemente peor que el grupo de control por una cantidad significativa. Los investigadores creen que pensar en uno mismo involucra su "esquema propio". Este enfoque interno restringe el movimiento y activa un proceso de autorregulación que impone un impuesto sobre su capacidad de rendimiento. El grupo de control no tenía enfoque propio y, por lo tanto, no había activado el esquema del yo. Sus movimientos eran más libres y automáticos.

## Conclusión

¡Gracias de nuevo por descargar este libro!

Espero que este libro pueda ayudarlo a ver cómo el pensamiento positivo puede llevarlo a su próximo nivel en la vida.

¡Gracias y buena suerte!

www.ingramcontent.com/pod-product-compliance
Lightning Source LLC
LaVergne TN
LVHW020429080526
838202LV00055B/5094